Jutta Ritschel

Aufatmen!

Über die Autorin:

Jutta Ritschel ist Musik- und Atempädagogin und beschäftigt sich seit über 30 Jahren mit der Thematik Atem und Stimme. Sie gibt Einzelunterricht, ist Lehrbeauftragte an der Universität Augsburg und Referentin von Workshops und Fortbildungsveranstaltungen. Zudem ist sie künstlerisch tätig als Ensemble-Sängerin und in der Entwicklung von musikalischen Projekten. Mehr Information: www.juttaritschel.de

Jutta Ritschel

Aufatmen!

5 Minuten
für Entspannung und
Energie im Alltag

Lübbe

Leben

Den Puls des eigenen Herzens fühlen.
Ruhe im Innern,
Ruhe im Äußern.
Wieder Atem holen lernen,
das ist es.

Christian Morgenstern

Inhalt

Atem schöpfen

Atem schöpfen bedeutet – um im sprachlichen Bild zu bleiben – zur Quelle zu gehen. Das Wunderbare daran ist, dass wir die Quelle immer bei uns haben. An dieser Quelle können wir rasten und innehalten. Wir können uns erfrischen und unseren Durst stillen. Haben wir den Zugang zu dieser Quelle gefunden, dann ist auch der Weg zu unseren in uns liegenden Quellen frei, unseren inneren Ressourcen (französisch *la source = die Quelle*), und damit der Weg zu Lebendigkeit, Kreativität und Wohlbefinden. Kommen Sie mit, und lassen Sie uns gemeinsam zur Quelle gehen!

Aufatmen mitten im Alltag

… und nicht erst am Wochenende oder im Urlaub.
Das klingt zu schön, um wahr zu sein, ist jedoch
möglich.
Fühlen Sie sich oft atemlos? Schnürt Ihnen Stress
am Arbeitsplatz die Luft ab? Stockt Ihnen der Atem,
sobald Sie Ihren Standpunkt vertreten müssen? Fällt
es Ihnen schwer abzuschalten? Haben Sie Probleme
einzuschlafen? Haben Sie verlernt, Atem zu schöpfen
und neue Energie zu tanken?
Dann freue ich mich, dass Sie dieses Buch entdeckt
oder geschenkt bekommen haben. Sie müssen sich

nicht mit diesen Zuständen abfinden und nur aufs Wochenende oder den nächsten Urlaub hin leben. Das Buch zeigt Ihnen einfache Möglichkeiten, wie Sie mitten im Alltag Entspannung und neue Energie gewinnen können. Es begleitet Sie durch den Tag. Die Übungen und Tipps helfen Ihnen, gut in den Tag zu starten, sich immer wieder zu sammeln, mit Stress und Aufregung umzugehen, in fordernden Situationen souverän zu bleiben, am Abend abzuschalten, gut zu schlafen und immer mehr zu sich selbst zu kommen.

Der Atem und Sie – eine Freundschaft fürs Leben

Vielen Menschen ist gar nicht bewusst, was der Atem für ihr Leben bedeutet. Sie atmen einfach, ein und aus. Es ist in ihren Augen ein ganz normaler, körperlicher Vorgang – zwar lebensnotwendig, aber, solange man keine Atemnot hat, kaum der Beachtung wert. Genauer betrachtet meinen sie damit unsere Atmung, die unsere Zellen mit Sauerstoff versorgt.
Vielleicht ist Ihnen schon aufgefallen, dass ich nicht von *Atmung* spreche, sondern vom **Atem**.
Atem ist ein Begriff, der über das physiologische Geschehen der Atmung weit hinausreicht. Das

griechische Wort *pneuma* bedeutet unter anderem: Atem, Seele, Lebenskraft. Auf diesen Zusammenhang gründen sich meine Arbeit als Atempädagogin und auch dieses Buch.

Zunächst ist Ihr Atem so etwas wie ein Spiegel für Sie. Wenn Sie sich ihm aufmerksam zuwenden, erkennen Sie, wie es Ihnen momentan geht. Er zeigt Ihnen genau, ob Ihnen etwas die Luft abschnürt, den Atem stocken lässt, oder ob Sie aufatmen und in der Entspannung Atem schöpfen können. Die Weisheit unserer Sprache zeigt deutlich den Zusammenhang von körperlichem und seelischem Befinden.

Ich lade Sie ein, sich immer wieder einmal Ihrem Atem zuzuwenden. Mit einem liebevollen »Na – wie geht's dir gerade?«. Damit wenden Sie sich selbst liebevoll zu.

In dieser achtsamen, erwartungsfreien Hinwendung verändert sich meist schon etwas in Ihrem Atemgeschehen. Lassen Sie es einfach zu, ohne etwas beeinflussen zu wollen. Vielleicht entsteht schon ein Aufatmen oder ein Seufzen.

In der Weise, wie der Atem Ihnen zeigt, wie es Ihnen gerade geht, können Sie ihn umgekehrt durch Ihre bewusste Zuwendung befreien. Und das wiederum schenkt Ihnen Wohlbefinden und Lebendigkeit.

Es ist also eine Wechselwirkung, wie bei einer guten Freundschaft.

Wenn Sie gelernt haben, Ihren Atem als Freund zu achten und sich auch von ihm tragen zu lassen, werden Sie gelassener durch Ihren Alltag und durchs Leben gehen.

Hinweise zum Umgang mit den Übungen

- Nehmen Sie sich zunächst nur eine Übung vor, die Sie täglich in Ihren Alltag integrieren. Ich empfehle Ihnen hierfür die Übung »Lieblingsduft«. Sie bildet die Grundlage für das Beobachten und Spüren des Atemgeschehens.

- Wenn Ihnen die Übung in Fleisch und Blut übergegangen ist, Sie also beim Üben das Buch nicht mehr brauchen, nehmen Sie die nächste dazu.

- Die Übungen sind im Buch unterschiedlichen Alltagssituationen zugeordnet. Sie werden in der praktischen Anwendung bemerken, dass sie zum Teil austauschbar sind. Hier gehen Sie am besten nach Ihrem eigenen Bedürfnis vor. Mit der Zeit werden Sie selbstverständlich und wie automatisch die in einer Situation für Sie passende Übung wählen.

- Einige Übungen können Sie auch in der Anwesenheit anderer Personen unbemerkt anwenden, wenn Sie die Bewegungen minimalistisch durchführen. Sie sind auch in der minimalistischen, nahezu unsichtbaren Ausführung sehr wirkungsvoll.

- Lesen Sie die Übung, die Sie neu erlernen wollen, zunächst einmal ganz durch. Dann lesen Sie sie Stück für Stück und versuchen dabei, sie umzusetzen und zu verinnerlichen. Achten Sie dabei auf die genauen Hinweise. Ziel ist es, dass Sie möglichst bald ohne Mitlesen üben können, um ganz bei sich bleiben zu können.

- Achten Sie darauf, dass Ihre Kleidung Sie nicht einengt (Gürtel, enge Hose, enger Rock).

- Wichtig und wesentlich sind anstatt eines Machens und Richtig-machen-Wollens: das Zulassen und das wertungsfreie und liebevolle Beobachten und Spüren.

Ich bin so
knallvergnügt erwacht

Ich bin so knallvergnügt erwacht.
Ich klatsche meine Hüften.
Das Wasser lockt, die Seife lacht,
es dürstet mich nach Lüften.

Aus meiner tiefsten Seele zieht
mit Nasenflügelbeben
ein ungeheurer Appetit
nach Frühstück und nach Leben.

Joachim Ringelnatz

1 Ein guter Start in den Tag

Wie beginnen Sie Ihren Tag? Bleiben Sie bis zur letzten Minute im ach so kuscheligen Bett liegen, um sich dann flugs fertig zu machen, einen schnellen Kaffee im Stehen zu schlürfen und hastig aus dem Haus zu eilen?

Der Volksmund sagt von einem missmutigen Mitmenschen: »Der ist mit dem falschen Fuß aufgestanden.« Gemeint ist damit: Wer schlecht in den Tag startet oder hineinstolpert, für den kann der Tag nicht gut werden. Dieses Kapitel zeigt Ihnen Möglichkeiten, wie Sie Ihren Tag bewusst und gut beginnen können. Dann ist es auch ziemlich gleichgültig, mit welchem Fuß Sie aufstehen.

Den Atem einladen

Ein guter und bewusster Übergang vom Wach-
werden zum Aufstehen gelingt, wenn Sie sich dem
eigenen Atemgeschehen zuwenden.

So geht's:
Dehnen und räkeln Sie sich ausgiebig. Gähnen
Sie herzhaft. Dann begeben Sie sich langsam in
Rückenlage, falls Sie im Moment nicht schon so
liegen. Stellen Sie einen Fuß nahe am Gesäß auf.
Das andere Bein bleibt ausgestreckt liegen. Legen
Sie Ihre Hände auf den Bauch. Verharren Sie so für
ein paar Atemzüge. Dann umfassen Sie das Knie
des aufgestellten Beines mit beiden Händen und
ziehen das angewinkelte Bein zu sich hin. Bleiben
Sie wieder für ein paar Atemzüge in dieser Position.

Spüren Sie, wie die Atembewegung bis in den unteren Rücken und den Bauch geht. Dann stellen Sie den Fuß wieder ab und lassen ihn langsam ausgleiten, bis das Bein gestreckt daliegt. Nach einer kurzen Pause machen Sie das Gleiche mit dem anderen Bein. Anschließend mit beiden Beinen gleichzeitig. Am Schluss bleiben Sie noch ein paar ruhige Atemzüge lang liegen.

Das bringt's:
→ regt die Atmung an und vertieft sie
→ weckt und entspannt die Muskulatur im ganzen Körper
→ ermöglicht einen bewussten Tagesbeginn

Wann und wo:
→ morgens im Bett
→ auch nach einem ausgiebigen Mittagsschlaf

Carpe diem! –
Pflücke den Tag!

Diese Aufforderung wollen wir mit der folgenden Übung ganz wörtlich nehmen und mit der körperlichen Bewegung zusammen auch die geistige Haltung entwickeln: den Tag, der uns neu geschenkt ist, zu ergreifen.

So geht's:

Stellen Sie sich nach Möglichkeit ans offene Fenster. Falls nötig, ziehen Sie sich etwas Warmes über den Schlafanzug. Die Füße stehen ungefähr hüftbreit auseinander. Greifen Sie nun mit einer Hand nach einer imaginären Frucht, die hoch oben in einem imaginären Baum hängt. Strecken und dehnen Sie sich dabei mit dieser Seite, und lassen Sie dabei den Atem einfließen. Ihr Blick folgt der Handbewegung. Wenn Sie die Frucht »gepflückt« haben, führen Sie die Hand vor dem Körper langsam herunter und atmen dabei ohne Anstrengung auf »fff« langsam und gleichmäßig aus. Nun darf die andere Hand eine »Frucht pflücken«. Und wieder lassen Sie beim Hochstrecken die Luft einströmen und atmen

mit dem Herunterführen der Hand langsam und gleichmäßig aus.
Wiederholen Sie die Übung mehrere Male, so oft wie es Ihnen guttut.

Das bringt's:
→ regt die Atmung an und vertieft sie
→ macht wach und versorgt Sie mit Sauerstoff
→ gleicht bei längerem Üben einer Morgenmeditation, die Körper und Geist sammelt und erfrischt

Wann und wo:
→ am besten unmittelbar nach dem Aufstehen
→ auch tagsüber zwischendurch

Sich auf den Tag einstimmen

Auch hier nehmen wir das sprachliche Bild beim Wort und *stimmen* uns mit unserer Stimme auf den neuen Tag ein, damit wir *gut gestimmt* hineingehen.

So geht's:

Gähnen Sie ausgiebig und klangvoll. Wenn Sie noch müde sind, dürfen Sie herzhaft stöhnen, grunzen, knarzen, ächzen … Dann lassen Sie allmählich aus dem Stöhnen heraus ein Summen entstehen. Endet der Ausatemstrom, warten Sie, bis der Einatem von selber wiederkommt, und summen Sie mit der nächsten Ausatmung weiter. Wenn sich der Mund öffnen will, tönen Sie. Wie es klingt, ist dabei unwichtig; wichtig ist, dass es sich gut anfühlt. Wenn Sie Lust haben, trällern Sie ein Lied, oder singen Sie aus voller Brust zur Musik aus dem Radio mit. Besonders gut und befreiend gelingt diese Einstimmung in den Tag unter der Dusche: Das Rauschen des Wassers übertönt Ihre Lautäußerungen, sodass

Ihr innerer Kritiker sich nicht auf die Klang-schönheit fokussieren kann.

Das bringt's:
- → vertieft die Atmung
- → weckt die Stimme für die tägliche Kommunikation
- → erzeugt gute Stimmung und gutes Gestimmtsein
- → Atembewegung und Stimmklang massieren den Körper von innen.

Wann und wo:
- → nach dem Aufstehen
- → am besten im Bad; der Raum unterstützt die Singlust durch seine Akustik
- → am allerbesten unter der Dusche

Führen Sie ein Traumtagebuch. Legen Sie ein schönes Notizbuch und einen Stift auf Ihrem Nachttisch bereit, um Träume festhalten zu können, bevor sie wieder wie ein Schmetterling davonfliegen.

Anstatt sich beim ersten Blick in den Spiegel am Morgen mit einem »Oh-je-wie-verknittert-sehe-ich-heute-wieder-aus« zu begrüßen, schenken Sie sich ein Lächeln!

Machen Sie Ihre Morgenpflege im Bad zum Ritual. Genießen Sie jede Handlung im Hier und Jetzt.

Wenn Sie zeitig genug aufstehen, können Sie sich
noch 20 Minuten ganz für sich alleine schenken:
mit Yoga, Gymnastik mit Musik, Meditation,
einer inspirierenden Lektüre, Ihren Traumnotizen
oder einfach einer stillen Zeit mit einer
Tasse Kaffee am Fenster.

Frühstücken Sie mit Partner, Partnerin
oder Familie, sagen Sie Ihren
Lieben etwas Nettes, Liebevolles,
Ermunterndes, bevor jeder in
seinen Alltag geht.

Ein Abschiedsritual, bevor alle das Haus verlassen,
ist ein zusätzlicher guter Start in einen gelingenden
Tag. Das kann der bewusst gegebene und genossene
Abschiedskuss sein, ein Segenszeichen für die Kinder
oder ein ritualisierter Abschiedsgruß.

unterwegs sein

autonom

neues wagen

nicht nur geradeaus

etwas anbahnen

mehrgleisig

beweglich

verwegen

erfahren

verwandeln

2 Unterwegs

Wir Menschen der heutigen Zeit sind ständig unterwegs. Von unserem Zuhause hin zum Kindergarten, zur Schule, zum Arbeitsplatz. Dann zum Einkaufen. Am Abend wieder nach Hause. Am Wochenende hin zu schönen Ausflugszielen. Und im wohlverdienten Urlaub quälen wir uns durch lange Staus, um in unser jeweiliges Ferienparadies zu gelangen.

Es wäre schade und verlorene Lebenszeit, wenn wir unser Unterwegssein nur als notwendiges Übel betrachten würden, um von A nach B zu kommen. Mit den folgenden Übungen können Sie das Unterwegssein zum Entspannen und Zu-sich-Kommen nutzen. Und das Kaleidoskop zeigt Ihnen noch weitere Schätze, die an oder auf Ihrem Weg liegen und Ihnen nur geschenkt werden, wenn Sie sie auch wahrnehmen.

Lieblingsduft

Diese Übung empfehle ich gerne als Einstieg in die Atemerfahrung. Sie können sie wirklich überall anwenden. Sie ist leicht, und sogar eine einzige Minute reicht dafür aus. Klein, leicht und kurz und sooo wirkungsvoll.

So geht's:

Welcher Duft erfüllt Sie mit Wohlgefühl? Der Duft von frisch gebackenem Apfelkuchen? Der Duft Ihres Duschmittels …? Probieren Sie aus, was geschieht, wenn Sie an etwas gut Riechendem schnuppern. Wie nehmen Sie den Duft in sich auf? Wo geht die Atemluft, die den Duft trägt, in Ihnen hin?
In der Übung stellen Sie sich den Duft nur vor. Wenn die Situation es erlaubt, schließen Sie die Augen.
Saugen Sie den Duft bzw. den Atem nicht mit

Gewalt ein, sondern lassen Sie sich von ihm erfüllen. Wo spüren Sie die Atembewegung in Ihrem Körper? Legen Sie die Hände dorthin, und spüren Sie mit ihnen. Beobachten Sie, wie der Atem kommt und geht, und warten Sie, bis er von selbst wiederkommt und in Sie einfließt.

Überlassen Sie sich einfach für eine Weile diesem Geschehen. Später, wenn Sie die Übung verinnerlicht haben, funktioniert sie auch ohne die Vorstellung vom Lieblingsduft.

Das bringt's:

➜ Die Übung schenkt Entspannung, Gelassenheit, Sammlung und Konzentration.

Wann und wo:

➜ im Auto: an der roten Ampel oder bevor Sie den Motor starten oder bevor Sie aussteigen
➜ in der U-Bahn oder im Bus
➜ an der Bushaltestelle
➜ im Wartezimmer
➜ in der Warteschlange an der Supermarktkasse
➜ jederzeit und überall

Zungengymnastik

Was macht Ihre Zunge gerade? Klebt sie am
Gaumen, oder ruht sie im Unterkiefer wie in einem
Bett? Schon beim Lesen dieser Frage wird klar,
was besser ist, nicht wahr? Mit einfachen Mitteln
können Sie dafür sorgen, dass sich Ihre Zunge
entspannt. Und das erzeugt Entspannung und
Lösung auch in anderen Bereichen.

Ertasten Sie bei leicht geöffnetem Kiefer, jedoch mit geschlossenen Lippen, mit der Zungenspitze den ganzen Mundraum. Die Wangen von innen, den Lippenbereich von innen. »Waschen« Sie mit der Zungenspitze Ihre Zähne im Ober- und Unterkiefer, an ihrer Außenseite und Innenseite entlang.
Dann lassen Sie Ihre Zunge bei gelöstem Unterkiefer (und geschlossenen Lippen) ausruhen. Wie liegt sie jetzt? Was macht Ihre Atmung?

Das bringt's:
→ vertieft und reguliert die Atmung
→ schenkt Entspannung

Wann und wo:
→ jederzeit und überall

Schaukelstuhl

Mit dem Bild des Schaukelstuhls verbinden wir
gerne das Gefühl von wohligem Dösen. Im Zentrum
dieser Übung steht eher das rhythmische Vor- und
Zurück-Schaukeln. Nichtsdestotrotz stellt sich auch
hierbei Wohlbefinden ein.

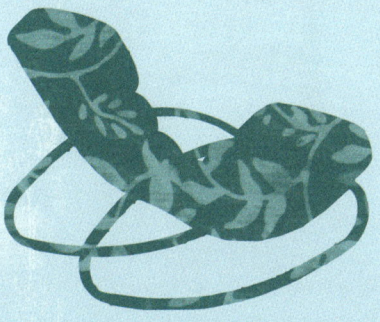

So geht's:
Setzen Sie sich auf die vordere Hälfte der Sitzfläche. Die Füße stehen sicher am Boden. Heben
Sie nun ein Bein mit angewinkeltem Knie an,
und umfassen Sie es mit verschränkten Fingern
über dem Schienbein. Schaukeln Sie langsam und

genüsslich vor und zurück. Spüren Sie dabei, wie
sich der Rücken beim Zurückschaukeln wohltuend
rundet, der Atem fließt dabei hinein und dehnt
ihn zusätzlich von innen. Beim Vorwärtsschaukeln
atmen Sie aus.
Nach einer Weile stellen Sie das Bein wieder ab.
Spüren Sie eine Veränderung?
Dann folgt das Gleiche mit dem anderen Bein.
Die äußere Bewegung muss nicht groß sein. Deshalb

lässt sich die Übung auch im Beisein von anderen Menschen machen. Wichtig ist: Die Bewegung folgt dem Atemrhythmus. Beobachten Sie, wie sich Atem und Bewegung aufeinander einspielen.

Das bringt's:
→ sorgt für Dehnung und Lösung
→ wohltuend bei langem Sitzen
→ rhythmisiert die Atmung und erfrischt dadurch
→ fördert Gelassenheit und Konzentration

Wann und wo:
→ beim Warten am Bahnhof, an der Bushaltestelle, im Wartezimmer …
→ nicht nur unterwegs, sondern auch an langen Arbeitstagen am Schreibtisch oder in Konferenzen

Nehmen Sie die Natur bewusst wahr, zum Beispiel die Veränderungen, die die Jahreszeitenwechsel mit sich bringen: die ersten Knospen im Frühling, die Färbung des Herbstlaubs, die Wolkenbilder.

Singen, summen oder pfeifen Sie sich ein Lied. Auf dem Fahrrad können Sie es mit dem Rhythmus des Pedaltretens und zu Fuß mit Ihrem Schritttempo koppeln. Im Auto können Sie beherzt und ungeniert drauflossingen.

Die tägliche Fahrt zur Arbeit, die Fahrt in den Urlaub oder ins Wochenende können Sie für sich interessant gestalten mit Hörbüchern, Sprachkursen, Podcasts …

Wenn Sie die Möglichkeit haben, wählen Sie ab und zu einen anderen Weg zur Arbeit.

Stehen Sie im Stau oder an der roten Ampel, lächeln Sie dem Fahrer/der Fahrerin neben Ihnen freundlich zu.

Im Stau sind Wortspiele eine anregende Beschäftigung – auch alleine: Bilden Sie kurze Sätze aus den Buchstaben der Nummernschilder. Machen Sie ABC-Spiele; z.B. Reiseziele, Städtenamen, Vornamen, Wünsche und Träume.

Seien Sie offen für einen kurzen, freundlichen Austausch mit Menschen, die Ihnen unterwegs begegnen. Machen Sie ungezwungene, ehrliche Komplimente. Beides verschönt für beide Seiten den Tag.

Achte gut auf diesen Tag

Achte gut auf diesen Tag,
denn er ist das Leben –
das Leben allen Lebens.
In seinem kurzen Ablauf liegt alle seine
Wirklichkeit und Wahrheit des Daseins,
die Wonne des Wachsens,
die Größe der Tat,
die Herrlichkeit der Kraft.
Denn das Gestern ist nichts als ein Traum
und das Morgen nur eine Vision.

Das Heute jedoch, recht gelebt,
macht jedes Gestern
zu einem Traum voller Glück
und jedes Morgen
zu einer Vision voller Hoffnung.

Darum achte gut auf diesen Tag.

Rumi

3 Mitten im Alltag

Gehören Sie zu den Menschen, die sich viel zu viel in einen Tag hineinpacken, weil der Spagat zwischen Familie und Beruf oder das Immer-noch-mehr im Job sonst nicht zu schaffen wäre?

Wenn Sie sich in den Anforderungen des Alltags verlieren und nur noch funktionieren, dann ist es notwendig, wieder Boden unter den Füßen zu gewinnen, neuen Schwung zu bekommen und das Bewusstsein dafür zu entwickeln, sich auch mal tragen zu lassen. Die Übungen dieses Kapitels verfolgen genau diese drei Anliegen. Zunächst auf der körperlichen Ebene, aber damit einhergehend auch auf der geistigen und seelischen.

Fußmassage

Unsere Füße tragen uns durch den Tag. Genau be-
trachtet tragen sie uns durchs ganze Leben. Tun Sie
Ihren Füßen zwischendurch etwas Gutes. Sie werden
es Ihnen danken.
Wie (be)stehen Sie im Leben? Wie gehen Sie durch
Ihren Tag?

So geht's:

Ziehen Sie Ihre Schuhe aus und setzen Sie sich auf
einen Hocker oder Stuhl. Die Sitzfläche sollte nicht
zu weich sein. Sitzen Sie frei, ohne sich anzulehnen.
Die Füße stehen ungefähr hüftbreit auseinander.
Nun legen Sie den Unterschenkel des rechten Beines
auf den Oberschenkel des linken. Umfassen Sie mit
beiden Händen Ihren rechten Fuß. Die Hände beginnen nun, den Fuß zu »erforschen« und mit ihm zu
spielen, sie bewegen den Fuß sanft im Sprunggelenk.
Ertasten, kneten, biegen und dehnen Sie den Fuß
behutsam und genüsslich mit den Händen. Massieren
Sie die Fußsohle ausgiebig, auch jede einzelne Zehe.
Seien Sie mit Ihrer Aufmerksamkeit ganz dabei.
Achten Sie darauf, welche Empfindungen dabei
entstehen und ob Ihre Atmung vielleicht in einer
Weise reagiert.
Nach einer guten Weile stellen Sie den Fuß wieder
auf den Boden. Spüren Sie, wie sich die Fußsohle
nun in Verbindung zum Boden anfühlt.
Dann machen Sie die Übung mit dem anderen Fuß.

Das bringt's:

- → löst Anspannung
- → bringt den Atem ins Fließen
- → hilft Ihnen, sich wieder neu zu sammeln
- → schenkt einen besseren Stand(punkt)
- → erdet Sie und verbindet Sie mit dem Boden (der Tatsachen)
- → wirkt sich über die Fußreflexzonen auf den ganzen Körper wohltuend aus

Wann und wo:

- → am Schreibtisch
- → vor einer Präsentation – Sie stehen bewusster und können Ihren Standpunkt dann besser vertreten
- → fast immer und überall

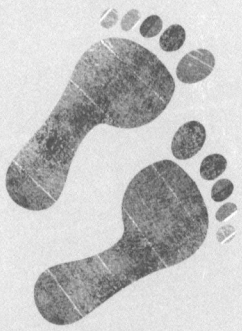

Wieder in Schwung kommen

Neuen Schwung holen wir uns hier durch ein
Schwingen der Arme – eine einfache Übung, die
uns entlastet und wieder mit Sauerstoff und Energie
versorgt.

So geht's:
Stellen Sie sich aufrecht hin: die Füße ungefähr hüftbreit auseinander, die Fußsohlen gut mit dem Boden
verbunden, die Knie durchlässig.
Nun beginnen Sie mit den Armen gegengleich vor-
und zurückzuschwingen. Die Hände sind dabei
entspannt geöffnet. Beim Schwingen wippen Sie in
den Knien elastisch mit.
Spüren Sie, wie die Arme, die Schultern und
die Hände und auch der Oberkörper von dieser
schwingenden Bewegung mitgenommen werden.
Wie reagiert der Atem darauf? Entsteht ein Miteinander von Bewegungsrhythmus und Atemrhythmus?
Erzwingen Sie nichts. Lassen Sie es geschehen.

Das bringt's:

- ↬ entlastet und entspannt die Schultern und Arme
- ↬ löst Verkrampfungen in den Händen
- ↬ reguliert und vertieft die Atmung
- ↬ schenkt neue Energie und neuen Schwung

Wann und wo:

- ↬ zwischendurch bei langer Schreibtischarbeit
- ↬ wenn Sie sich müde und verspannt fühlen

Luft unter die Flügel bekommen

Wenn der Alltag Sie niederdrückt und Sie vom stetigen Tun und Machen erschöpft sind, dann ist es höchste Zeit, wieder Luft unter die Flügel zu bekommen. So wie ein Vogel sich mit ausgebreiteten Schwingen von der Luft tragen lässt, so können Sie sich vom Atem tragen lassen und allmählich dahin kommen, sich vom Leben getragen zu wissen.

So geht's:

Setzen Sie sich aufrecht und entspannt hin, ohne sich anzulehnen. Füße und Knie ungefähr hüftbreit auseinander. Die Füße verbinden sich gut mit dem Boden. Ihre Hände ruhen auf den Oberschenkeln. Schließen Sie die Augen. Der Kopf bleibt während der gesamten Übung aufrecht.

Nun beginnen Sie mit einer Schulter: Heben Sie sie sanft hoch und senken Sie sie wieder. Zunächst nur ein wenig, dann etwas höher. Spielen Sie mit der Bewegung. Spüren Sie, wie sie sich auswirkt:

im Schulterblatt, auf die Atmung … Irgendwann lässt sich der Arm von dieser langsamen Bewegung mitnehmen. Irgendwann löst sich dabei die Hand

vom Oberschenkel. Und der ganze Arm – von der
Schulter über das Ellbogengelenk und das Handge-
lenk bis in die Fingerspitzen – überlässt sich diesem
sanften Bewegungsspiel. Das Spiel macht die Gelen-
ke durchlässig. Beobachten und spüren Sie, ob sich
Atmung und Bewegung aufeinander einspielen.
Lassen Sie nach ausgiebigem Spiel den Arm zur
Ruhe und in die Ausgangsposition zurückkommen.
Spüren Sie nach. Dann machen Sie die Übung mit
dem anderen Arm.
Vielleicht ergibt es sich, dass anschließend noch
beide Arme gleichzeitig ins Spiel gehen.

Das bringt's:

➻ Entspannung für Schultern und Arme, zum
   Beispiel nach langem Schreiben
➻ schenkt wieder Handlungsfreiheit
➻ Lösung und Aufatmen
➻ Sammlung
➻ Freiheit, Beweglichkeit und Durchlässigkeit

Wann und wo:

➻ zuhause und am Arbeitsplatz
➻ ganz nach Bedarf
➻ in minimalistischer Ausführung überall

Legen Sie sich einen Kritzel-Block zu. Sie erinnern sich sicherlich an die Kritzeleien, die zu Schulzeiten an den Hefträndern entstanden sind. Die Kritzeleien helfen tatsächlich, Denkblockaden zu lösen. Es soll Firmen geben, die »Kritzel-Stationen« für ihre Mitarbeiter eingerichtet haben.

Statt sich mittags in die Kantine zu setzen, gönnen Sie sich ein Picknick an der frischen Luft. Warm angezogen und mit einem Iso-Kissen geht das auch an (trockenen) kalten Tagen. Mit netten Kollegen zusammen entsteht so ein Gefühl von Freizeit mitten am Tag.

Verändern Sie ab und zu immergleiche Abläufe und Routinen, das erfrischt das Gehirn und steigert die Laune

Stellen Sie sich frische Blumen auf den
Schreibtisch, eine hübsche Wasserkaraffe
oder eine Obstschale.

Verschenken Sie spontan und ehrlich
Komplimente, es kostet nichts als ein
wenig Aufmerksamkeit.

Bringen Sie Ihren Arbeitskollegen ein
Praliné oder eine andere nette Geste
aus der Mittagspause mit.

Gönnen Sie sich kurze Auszeiten zum
Innehalten, blicken Sie einfach mal aus
dem Fenster statt auf den Monitor.

Stress, lass nach!

Seufzen
Träumen
Rad fahren
Einander zuhören
Still werden
Schwimmen

Lachen
Achtsam sein
Singen
Schlendern

Nichts tun
Atem schöpfen
Charme versprühen
Halt finden

4
Sofortmaßnahmen
bei Aufregung und Stress

Sie kennen das: Sie nehmen sich immer wieder vor,
mit anstrengenden Phasen und fordernden Situationen möglichst gelassen umzugehen. Dennoch fühlen
Sie sich dann inmitten von Aufregung und Stress
überfordert und allem (nahezu) macht- oder hilflos
ausgeliefert. Jetzt heißt es, sich vom Geschehen und
den auftauchenden Stresssymptomen nicht überrollen
zu lassen. Leicht anwendbare Maßnahmen helfen
Ihnen, Herrin oder Herr der Lage zu bleiben.
Verinnerlichen Sie die folgenden Übungen am
besten in stressfreien Zeiten, dann können Sie sie in
Ausnahmesituationen leichter abrufen.

Einen langen Atem bekommen

Von Menschen mit Durchhaltevermögen und Ausdauer sagt man: Sie haben einen langen Atem. Dieses sprachliche Bild verdeutlicht den Zusammenhang zwischen der körperlichen und der mentalen Ebene. Wir setzen hier bewusst am Atemgeschehen an und erleben die Wirkung auf Geist und Psyche.

So geht's:

Atmen Sie bewusst und gleichmäßig auf ein entspannt geformtes »f« aus, ohne etwas zu forcieren. Dann warten Sie, bis der Einatem von selbst wiederkommt, und atmen wieder auf »fff« aus.
Sie können die Ausatmung gerne mit einer Bewegung der Hände begleiten und unterstützen. Die Handflächen zeigen dabei nach außen, und Sie schieben mit den Händen gleichsam den Stress, die Aufregung oder die Nervosität von sich weg. Wiederholen Sie die Übung so oft es geht bzw. bis Sie eine Wirkung spüren.

Das bringt's:

➜ beruhigt
➜ schenkt Sammlung und Konzentration
➜ schenkt in jeder Hinsicht einen langen Atem

Wann und wo:

➜ unmittelbar vor einem wichtigen Gespräch,
  einer Präsentation oder Prüfung
➜ zum »Cool-down« und »Durchschnaufen«,
  wenn Ihnen Stress und Aufregung die Luft
  abschnüren

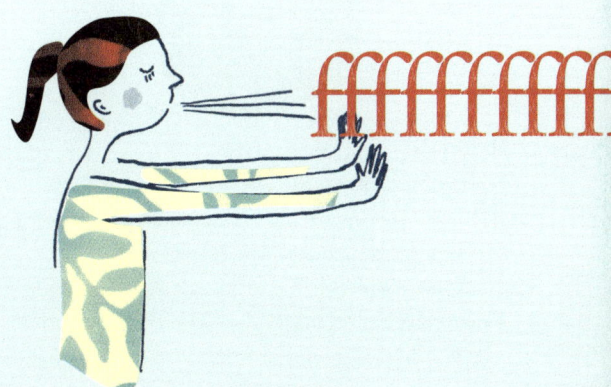

Trommeln mit den Fäusten

Diese Übung spricht in zweierlei Hinsicht Ihre Basis an: Der breitbeinige Stand des Westernhelden verkörpert Wachsamkeit, Reaktionsbereitschaft und Stehvermögen. Das Trommeln belebt den physischen Basisbereich und damit in der psychisch-mentalen Wechselwirkung Ihr In-sich-Ruhen und Zu-sich-Stehen.

So geht's:
Stellen Sie sich wie ein Westernheld hin: Füße hüftbreit auseinander, die Knie nicht durchgedrückt, sondern leicht gebeugt und durchlässig.
Nun »betrommeln« Sie mit Ihren entspannt zur Faust geballten Händen Ihre Kreuzbeingegend, Ihr Gesäß, die seitlichen Hüften und die Oberschenkel

ausgiebig und durchaus kräftig. Auch den Bauch können Sie, etwas sanfter, einbeziehen. Ihre Handgelenke bleiben dabei durchlässig.

Es gilt wie bei einer Trommel: Sie schwingt am besten, wenn die Trommelbewegung schwungvoll und federnd ausgeführt wird.

Diese Übung können Sie auch im Sitzen machen. Sitzen Sie dabei aufrecht auf dem vorderen Bereich der Sitzfläche.

Das bringt's:
- ➻ regt die Atmung an
- ➻ erdet
- ➻ baut Aggressionen und Spannungen ab
- ➻ belebt und erfrischt

Wann und wo:
- ➻ unmittelbar vor Prüfungen oder wichtigen Meetings
- ➻ beim Warten auf den Bus oder auf die (verspätete) Bahn
- ➻ im Alltagstrubel zu Hause
- ➻ fast überall und zu jeder Zeit

Trommeln mit den Füßen

Sie kennen das Beifallgetrappel nach einem Konzert, wenn das Publikum so begeistert ist, dass Händeklatschen nicht ausreicht. Vielleicht haben Sie selbst schon die Power erlebt, die dabei im Saal entsteht. Ganz ähnlich geht und wirkt diese Übung, nur ohne Star und Bühne.

So geht's:

Setzen Sie sich aufrecht hin. Nach Möglichkeit ziehen Sie Ihre Schuhe aus. Dann beginnen Sie, im Sitzen mit Ihren Füßen auf dem Boden zu trommeln: schnell – langsam – in der Mitte vor Ihnen – mit den Füßen nach rechts und nach links, nach vorne und wieder zurück wandernd – die Füße miteinander in die jeweilige Richtung oder auch unabhängig voneinander in unterschiedliche Richtungen …
Trommeln Sie ausgiebig. Dann lassen Sie Ihre Füße in die Ausgangsstellung zurückkommen. Verweilen Sie, und spüren Sie nach, wie Sie sich jetzt fühlen und was Ihre Atmung macht.

Das bringt's:

- → regt die Atmung an
- → erdet
- → baut Aggressionen und Spannungen ab
- → belebt und erfrischt

Wann und wo:

- → wenn Sie sich gerade so richtig über etwas aufregen oder sich gestresst fühlen
- → vor oder nach wichtigen Gesprächen
- → vor Prüfungen oder Präsentationen
- → bei anstrengender Arbeit am Schreibtisch, wenn die Zeit nicht ausreicht für einen kleinen Spaziergang zwischendurch

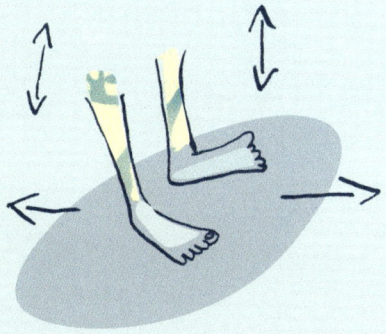

Bewahren Sie Haltung, gerade in aufregenden und belastenden Situationen. Unsere seelische Verfassung zeigt sich oft in unserer Körperhaltung. Wissenschaftler haben herausgefunden, dass wir auch umgekehrt mit unserer Körperhaltung unsere Stimmung beeinflussen können.

In besonders aufregenden Situationen halten Sie einen Moment inne, richten Sie Ihre Aufmerksamkeit auf Ihren Atem und versuchen Sie ihn fließen zu lassen.

KALEI

Stellen oder setzen Sie sich bei einem wichtigen Gespräch oder einer Präsentation aufrecht hin. Es erleichtert den freien Atemfluss, und Sie werden sich insgesamt besser fühlen.

Schenken Sie sich ab und zu ein inneres Lächeln und schließen Sie dabei die Augen. Es wirkt sich positiv auf Ihren Atemfluss und auf Ihre Verfassung aus.

Sorgen Sie gerade in Stresszeiten für Bewegung zwischendurch: Nehmen Sie die Treppe statt den Fahrstuhl, führen Sie Arbeitsgespräche mit Kollegen bei einem Spaziergang: Problemlösungen gelingen im Gehen oft leichter.

Kleine Verwöhn-Einheiten zwischendurch sorgen dafür, dass Sie sich vom Stress nicht verschlingen lassen: eine Blume auf dem Schreibtisch; etwas Wohlriechendes, das Sie kurz aufatmen lässt; eine bewusst genossene Kaffeepause zwischen zwei Arbeitsetappen…

Halten Sie gerade in Stresszeiten an Ihren Hobbys fest, auch wenn Sie meinen, keine Zeit dafür zu haben. Sport, Kreatives, Lesen – es muss ja nicht Stunden dauern.

Seifenblase

Mein behutsam geführter Ausatem formt dich.
Der Atem des Windes trägt dich davon.
Du spiegelst schillernd meine Welt
in Regenbogenfarben.
Staunend lass ich mich ein Stück mittragen
durch Raum und Zeit.

Jutta Ritschel

5 Energie-Riegel und Atempausen-Snacks

Es ist noch mitten am Tag, und Sie fühlen sich schon reif fürs Sofa oder »reif für die Insel«. Da beides gerade nicht zu haben ist, werden wir auf andere Mittel zurückgreifen, die Ihnen Erfrischung verschaffen.

So wie bei einer langen Wanderung eine kleine Pause und ein Müsli-Riegel wieder die nötige Power für den nächsten Wegabschnitt bereitstellen, versorgen die Übungen dieses Kapitels Sie schnell mit neuer Energie und Konzentration.

Zusätzlich finden Sie im Kaleidoskop einige Ideen für »Ultrakurz-Urlaube« – auf (also doch!) kleinen Inseln im Alltag.

Auf den Grund gehen und sich wieder aufrichten

Bevor wir an etwas *zu Grunde* gehen, gehen wir mit folgender Übung bewusst und aktiv *auf den Grund*, um uns dann wieder würdevoll aufzurichten.

So geht's:

Setzen Sie sich auf die Vorderkante eines Stuhls oder Hockers. Die Knie und Füße weit auseinander. Die Füße sind gut mit dem Boden verbunden. Lassen Sie den Atem während der ganzen Übung möglichst ruhig fließen.

Nun rollen Sie sich vom Kopf ausgehend langsam Wirbel für Wirbel nach vorne ab, bis Oberkörper, Kopf und Arme zwischen Ihren Beinen hängen. Verweilen Sie eine Zeit lang und genießen Sie das Aushängen. Spüren Sie, wo der Atem Ihren Körper von innen bewegt.

Richten Sie sich sehr langsam wieder auf. Beginnen Sie beim Becken und den unteren Wirbeln. Der Kopf richtet sich ganz zum Schluss auf. Verweilen Sie auch in diesem Aufgerichtet-Sein eine Zeit lang und spüren Sie nach.

Das bringt's:

→ gut zum Abschalten
→ schenkt neue Konzentration
→ vertieft die Atmung
→ löst Verspannungen im Rücken, in den Schultern, im Nacken und im Kopf
→ das Gehirn wird gut durchblutet und mit Sauerstoff versorgt
→ die Aufrichtung sorgt wieder für besseren Überblick in jeder Hinsicht

Wann und wo:

→ zu Hause, im Büro …
→ immer wenn Sie sich verspannt und »down« fühlen
→ unmittelbar vor einem wichtigen Termin zur Sammlung

Orientalischer Bauchtanz oder *Die liegende Acht*

Die liegende Acht ist in der Mathematik das Zeichen für »unendlich«. Die Unendlichkeit hat keinen Anfang und kein Ende, wie auch das Zeichen dafür. Wenn Sie sich der folgenden Übung gut hingeben können, gelingt es Ihnen vielleicht auch, für eine Weile aus der Zeit auszusteigen.

So geht's:

Stellen Sie sich aufrecht hin, die Füße ungefähr hüftbreit auseinander. Die Knie sind durchlässig, also ganz leicht gebeugt. Nun beschreiben Sie mit Ihrem Becken langsam und »spürsam« eine parallel zum Boden liegende Acht. Gehen Sie dabei in der Bewegung immer ganz bewusst durch Ihre Mitte. Versuchen Sie, die Bewegung möglichst fließend werden zu lassen. Halten Sie zwischendurch in der Mitte inne und spüren Sie, was der Atem macht oder was sich sonst an Wirkung zeigt. Dann wechseln Sie die Richtung.
Die Übung ist auch im Sitzen möglich.

Das bringt's:

- → löst Anspannung und Verspannungen
- → macht beweglich – körperlich und mental
- → erneuert Ihre Konzentration
- → hilft Ihnen, in Ihrer Mitte zu bleiben

Wann und wo:

- → zu Hause oder am Arbeitsplatz
- → alleine oder gemeinsam mit den Kollegen
- → minimalistisch und nahezu unsichtbar fast
  überall (an der Supermarktkasse, am
  Bahnsteig …)

Wackel-Willi und Wackel-Walli

Kennen Sie die Püppchen, die in manchen Autos auf dem Armaturenbrett kleben und jede Erschütterung federnd ausgleichen? Wer durchlässig bleibt, steckt Erschütterungen besser weg und zerbricht nicht so leicht daran. Das gilt für Körper, Geist und Seele und deren Wechselwirkungen.

So geht's:

Stellen Sie sich einfach hin – am besten ohne Schuhe. Die Füße stehen in Hüftbreite auseinander. Spüren Sie den Kontakt Ihrer Füße zum Boden. Stellen Sie sich vor, Sie verwurzeln sich damit – wie ein Baum, der seine Wurzeln in die Erde wachsen lässt. Schließen Sie nach Möglichkeit die Augen, um besser bei sich zu bleiben.

Nun lassen Sie aus Ihren Sprunggelenken und Knien ein Federn entstehen, das allmählich durch den ganzen Körper hindurchwirkt. Verlagern Sie beim Federn Ihr Gewicht ab und zu auf einen Fuß, ohne den anderen vom Boden zu lösen, und dann auf den anderen. Die Fußsohlen bleiben während der ganzen Übung mit dem Boden verbunden. Lassen Sie sich viel Zeit!

Spüren Sie, wie das Federn andere Körperregionen erfasst, und genießen Sie es: Becken, Bauch, Po, Arme, Schultern, Hände, Nacken, Kopf. Alles lässt sich mit durchschütteln – wie bei einer Gliederpuppe. Achten Sie darauf, ob auch Ihr Gesicht und Ihr Unterkiefer dabei loslassen können. Wichtig: Die Bewegung kommt aus den Sprung- und Kniegelenken. Alles andere lässt sich mitnehmen. Wenn Sie ausgiebig geschüttelt und gefedert haben, verweilen Sie eine Zeit lang ruhig im Stand. Spüren Sie nach, wie sich die Übung auf Ihren Körper und Ihre Atmung auswirkt. Dabei können Sie gerne die Hände auf Ihren Bauch legen.

Das bringt's:
- ➡ macht durchlässig und gelöst
- ➡ schüttelt Ballast und Anspannung ab
- ➡ befreit

Wann und wo:
- ➡ am besten im stillen Kämmerlein
- ➡ zur Not schließen Sie sich dazu auf der Toilette ein

Suchen Sie die Stille – nicht unbedingt in langen Meditationssitzungen, sondern in kleinen Pausen mitten im Alltag: bei einem Spaziergang in der Mittagspause, im stillen Genießen der wärmenden Sonnenstrahlen auf Ihrem Gesicht, in einer Kirche, an der Sie gerade vorbeikommen …

Sammeln Sie Sätze und Texte, die Sie ansprechen, in einem besonderen Notizbuch: eine Zeile aus einem Song, einen Abschnitt aus einem Buch, ein Gedicht …

Schauen Sie mit offenen Augen in Ihre Welt. Ab und zu ein Handyfoto von kleinen, scheinbar unwichtigen Dingen, hält fest, was Sie erfreut.

Setzen Sie sich in einer freien halben Stunde in ein
Café, und beobachten Sie, als ob Sie im Urlaub
wären, einfach die Passanten. Gehen Sie in eine
Buchhandlung und blättern Sie in Büchern, die
Ihnen ins Auge fallen.

Gehen Sie mit offenen Sinnen in ein schönes
Geschäft: Schnuppern Sie an Blumen, Parfums,
Seifen. Probieren Sie kleine Köstlichkeiten an der
Feinkosttheke. Lauschen Sie in der CD-Abtei-
lung in eine für Sie unbekannte Musik hinein.

Beschenken Sie sich gelegentlich auf diesen
Streifzügen: mit einem Buch, einer CD,
einer wohlriechenden Handcreme,
einem leckeren Käse (nebst Baguette
und einer Flasche Wein) für
das Abendessen …

Rufen Sie eine alte
Freundin oder einen
anderen lieben Menschen
an. Einfach so.

Der Plattenspieler

Ich komm nach Hause. Wie gewohnt.
Setz mich in' Sessel. Er wartet schon.
Ich lass den Tag Revue passieren.
Fang an mich zu verlieren,
wenn die LP sich um sich schwingt,
Musik in meinen Körper dringt …

Wenn ich morgens aufwach,
greif ich stöbernd ins Vinylfach.
Ich leg die schwarze Scheibe mit Sorgfalt auf.
Lausch der Musik und bin gut drauf.

Wenn der Plattenspieler redet, bin ich leise.
Lass mich abholen auf eine wunderschöne Reise.
Lass mich verzaubern in was auch immer er will.
Wenn der Plattenspieler redet, bin ich still.

Mein alter Plattenspieler. Es dreht sich so schnell …
… mein kleines Klangkarussell.

Leonard Ritschel

6 Ein guter Übergang in den Feier- abend

Feierabend – welch ein schönes Wort! Gelingt es uns tatsächlich, den Alltag bewusst abzuschließen und unser Tagwerk und den Abend zu feiern? Den Übergang in den Feierabend als Ritual zu gestalten würde unsere Lebensqualität im Alltag deutlich anheben. Rituale schenken Halt und Struktur – und sind nicht nur für Kinder wichtig. Sie verleihen dem Leben etwas Besonderes. Ein wichtiges Merkmal ist, dass sie regelmäßig wiederkehren. Die Übungen und das Kaleidoskop dieses Kapitels bieten Ihnen einige Vorschläge, die Sie ganz nach Wunsch und Fantasie ergänzen können.

Probieren Sie aus, welche Rituale zu Ihnen und Ihren Lebensumständen passen!

Den Staub des Alltags abklopfen

Diese Übung kenne ich aus jahrzehntelanger Chor- und Stimmbildungspraxis. Sie dient dazu, den Körper auf das Singen vorzubereiten. Wir bereiten uns damit auf einen gut gestimmten Feierabend vor.

So geht's:

Stellen Sie sich mit leicht geöffneten Beinen hin. Klopfen Sie mit der rechten Hand ausgiebig den linken Arm durch, von der Hand bis zur Schulter. Dann machen Sie das Gleiche mit der linken Hand auf dem rechten Arm. Nun arbeiten beide Hände gemeinsam weiter. Beginnend an einem Bein, von unten nach oben; dann kommt das andere an die Reihe. Die Knie bleiben dabei leicht gebeugt und durchlässig. Es geht weiter mit Bauch, Gesäß, Rücken, Brustkorb. Dosieren Sie das Klopfen unterschiedlich: mal sanft, mal kräftig, so wie es Ihnen gerade guttut. Wenn Sie auf der Höhe des Brustbeins klopfen, können Sie ein »aaaa« dazu tönen. Abschließend beklopfen Sie Ihr Gesicht sanft mit den Fingerkuppen. Was macht die Atmung dabei?

Das bringt's:

- ➡ löst Verspannungen
- ➡ regt die Atmung an
- ➡ macht wieder frisch und wach
- ➡ macht uns den ganzen Körper bewusst

Wann und wo:

- ➡ wenn Sie nach Hause
  kommen
- ➡ auch zwischendurch

Die Stimmung verändern

Die Wortverwandtschaft macht es deutlich: Unsere Stimme macht hörbar, wie wir gestimmt sind. Umgekehrt können wir auch mit unserer Stimme unsere Stimmung beeinflussen. Davon können begeisterte Chorsänger »ein Liedchen singen«.

So geht's:

Drücken Sie mit Ihrer Stimme aus, wie es Ihnen gerade geht. Ächzen, stöhnen und seufzen Sie, wenn Ihr Tag sehr anstrengend war. Dazwischen lassen Sie – wie Sie es von den anderen Übungen schon kennen – den Atem von selbst wiederkommen. Allmählich verändern Sie spielerisch diese Laut-äußerungen. Experimentieren Sie, aber erzwingen Sie nichts. Aus dem Stöhnen kann zum Beispiel eine Art Sirene werden, die bei jedem neuen tönenden Ausatmen immer ein bisschen höher einsetzt. Das kann als Summen geschehen oder auch mit geöffnetem Mund. Lassen Sie den Vokal tönen, der gerade aus Ihnen herauswill. Und dann probieren Sie auch andere aus.

Wo spüren Sie die Schwingung im Körper? Gibt es Unterschiede? Wie verändert sich Ihr Befinden? Wenn Sie Kinder haben, machen diese vielleicht begeistert mit. Dann können Sie auch noch Tierstimmen imitieren oder Auto- und Flugzeugmotoren. Der Fantasie sind hier keine Grenzen gesetzt.

Das bringt's:

→ regt die Atmung an und vertieft sie
→ verlängert die Ausatmung und entspannt dadurch
→ Die Laute und das Tönen helfen, Stress abzubauen.
→ Atembewegung und Tonschwingungen massieren den Körper von innen.

Wann und wo:

→ am besten, wenn Sie von der Arbeit nach Hause kommen
→ bei der Heimfahrt im Auto
→ auch bei langen Autofahrten – zusätzlich zu regelmäßigen Pausen

Feierabend-Song

Der Feierabend-Song kann sich aus der vorangegangenen Übung heraus entwickeln oder aber als Ritual
ganz für sich stehen. Er kann eine eigene stimmliche
Improvisation sein oder aber ein gern gehörtes Lieb-
lingsstück, das Sie in gute Stimmung versetzt.

So geht's:

Haben Sie sich mit der vorangegangenen
Übung schon in Stimmung gebracht,
singen Sie einfach weiter. Singen Sie
Ihre Melodie auf Nonsens-Silben
oder lassen Sie (ganz ohne Planung)
Texte entstehen. Es ist interessant und
manchmal überraschend, was da von
selbst aus Ihnen herauskommen will. Es
können dabei durchaus Erkenntnisse aus
Ihrem Unbewussten an die Oberfläche und
Ihnen damit *zu Ohren kommen*.
Eine andere Möglichkeit ist, im Auto oder zu Hause
eine Lieblings-CD bereitzuhalten. Wichtig dabei ist,
dass Sie das Stück Ihrer Wahl nicht nur anhören,
sondern lustvoll dazu mitsingen. Wenn Sie eine Zeit
lang immer denselben Song verwenden, entsteht die

hilfreiche Wirkung eines Rituals: Körper und Seele schwingen sich immer schneller auf das vertraute Stück und das damit erfahrene Wohlbefinden ein. Wenn Sie möchten, können Sie auch zu Ihrem Gesang tanzen. Das verstärkt die wohltuende Wirkung und ist sogar in eingeschränktem Maße (im Stau, an der roten Ampel) im Auto möglich.

Das bringt's:

➼ Singen vertieft die Atmung.

➼ Die Atembewegung und die Klänge massieren den Körper von innen.

➼ Singen befreit den Kopf von Alltagsgedanken.

➼ Singen und Bewegung entspannen und erfrischen …

➼ … und sorgen für gute Stimmung und Wohlbefinden.

Wann und wo:

➼ auf dem Heimweg, im Auto oder auf dem Fahrrad

➼ wenn Sie nach Hause kommen

➼ als Abschlussritual am Arbeitsplatz, bevor Sie den Heimweg antreten

Belohnen Sie sich gelegentlich am Ende eines Arbeitstages mit einem Blumenstrauß oder bringen Sie Ihrem Partner/Ihrer Partnerin ohne bestimmten Anlass Blumen mit.

Nutzen Sie die Heimfahrt in der Bahn für eine kleine Meditation, die Sie auf dem Handy abrufen.

KALEID

Können Sie Teile Ihres Nachhausewegs zu Fuß gehen? Lassen Sie dabei mit jedem Schritt bewusst die Arbeit ein Stück hinter sich.

Schenken Sie Ihrem Gegenüber in der U-Bahn ein Lächeln.

Mit dem bewussten Händewaschen beim Heimkommen waschen Sie nicht nur den Schmutz, sondern auch die Energien des Arbeitstages ab.

Steigen Sie nicht nur physisch, sondern auch mental zu Hause aus Ihren Alltagsschuhen aus.

Ein schön gedeckter Tisch und ein liebevoll zubereitetes Abendessen bilden ein gutes Übergangsritual in den Feierabend, egal ob Sie alleine oder in Gemeinschaft essen.

Mondnacht

Es war, als hätt' der Himmel
Die Erde still geküsst,
Dass sie im Blütenschimmer
Von ihm nun träumen müsst'.

Die Luft ging durch die Felder,
Die Ähren wogten sacht,
Es rauschten leis' die Wälder,
So sternklar war die Nacht.

Und meine Seele spannte
Weit ihre Flügel aus,
Flog durch die stillen Lande,
Als flöge sie nach Haus.

Joseph von Eichendorff

7 Den Schlaf willkommen heißen

Der Tag geht zu Ende, und Sie freuen sich auf Ihr kuscheliges Bett und auf eine (hoffentlich) gute Nacht. Der Schlaf ist kostbare Lebenszeit, auch wenn wir diese nicht bewusst wahrnehmen. Er schenkt uns Erholung und neue Energie. Im Schlaf verarbeiten wir, was wir tagsüber erfahren und gelernt haben. Unsere Träume sind Teil dieses Prozesses und können uns wichtige Lebenshilfe sein.

Behandeln Sie den Schlaf wie einen guten Freund: Laden Sie ihn ein, bereiten Sie sich auf seinen Besuch vor, und freuen Sie sich auf ihn. Und wenn er verspätet kommt, bleiben Sie gelassen.

Wie das konkret gehen kann, erfahren Sie in diesem Kapitel. Auch hier sind Rituale eine große Hilfe: Sie geleiten Sie in den Segen der Nacht, von dem die Gute-Nacht-Lieder erzählen.

Guter Mond

Als ich diese Übung zum ersten Mal gemacht habe, tauchte in mir das Bild eines schlafenden Babys auf: auf dem Rücken liegend, die Arme nach oben neben dem Kopf liegend, mit entspanntem Gesichtsausdruck – ein Sinnbild für Urvertrauen. Körperhaltungen wecken Empfindungen, manchmal ganz lange zurückliegende. Urvertrauen ist eine wohlige Hülle für einen erholsamen Schlaf.

So geht's:

Legen Sie sich auf den Rücken und schließen Sie die Augen. Legen Sie die Arme nach oben neben dem Kopf ab. Nun biegen Sie Ihren Oberkörper mit den Armen zu einer Seite hin. Rücken, Hinterkopf und Arme bleiben dabei in Bodenkontakt. Beide Beine lagern Sie nebeneinander zur gleichen Seite hin wie Oberkörper und Arme. Sie bilden so mit Ihrem Körper eine Mondsichel.

Verweilen Sie in dieser Position. Spüren Sie, wie sich eine Körperseite aufdehnt: der außen liegende Arm, die Rippen, das außen liegende Bein. Und spüren Sie, wie der Atem in diese aufgedehnte Seite hineinfließt und sie von innen auskleidet. Geben Sie sich dabei diesem Geschehen hin und möglichst gut an den Boden ab. Ist Ihr Gesicht entspannt? Ein inneres Lächeln hilft Ihnen dabei.

Dann gehen Sie langsam in die Ausgangsposition, in Ihre Mitte zurück. Spüren Sie, was sich verändert hat im Vergleich zum Beginn der Übung. Legen Sie Ihre Hände da hin, wo die Atembewegung nun deutlicher zu spüren ist, und verweilen Sie in der absichtslosen Beobachtung des Atems.

Machen Sie das Gleiche nun zur anderen Seite hin. Zum Abschluss lassen Sie sich tief in die Unterlage einsinken und bleiben mit dem Atem und dem Körperempfinden verbunden. Wenn Sie die Übung im Bett machen, können Sie in dieser Lage gleich einschlafen.

Das bringt's:

→ Durch die Dehnung löst und entspannt sich der ganze Körper.

→ Durch die Dehnung und Lösung der Hals- und Nackenmuskulatur können Sie auch den Kopf und die Gedanken besser abschalten und loslassen und damit auch besser einschlafen.

Wann und wo:

→ am besten am Abend vor dem Schlafengehen

→ auf einem weichen Teppich, einer Yogamatte oder auch im Bett

→ auch tagsüber zwischendurch, wenn Ihnen gerade alles zu viel ist und Sie die Möglichkeit haben, sich für 10-15 Minuten zurückzuziehen

→ anstelle eines Mittagsschläfchens

→ mitten in der Nacht, wenn der Schlaf nicht kommen will

Den Kopf abgeben

Sind Sie oft in Gedanken? Vielleicht gehören Sie zu
den Menschen, die sie nicht abschalten können – die
ständig präsenten und unzähligen Stimmen und
Kommentare im Kopf. Probieren Sie es immer wie-
der, statt in Gedanken *im Körper* zu sein. Lenken Sie
Ihre Aufmerksamkeit auf das Atemgeschehen und
Ihre Körperempfindung. Gleich in der folgenden
Übung. Und auch immer mal zwischendurch.

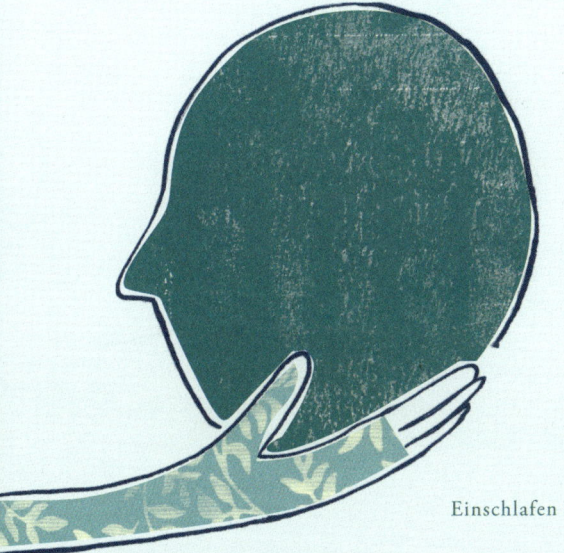

Legen Sie sich auf den Rücken. Die Beine liegen ausgestreckt, etwa hüftbreit auseinander. Die Arme liegen seitlich neben dem Körper. Schließen Sie die Augen.

Rollen Sie Ihren Kopf sanft und zunächst in einer kleinen Bewegung ein bisschen zur Seite und dann wieder in die Ausgangsposition zurück. Dann zur anderen Seite. Mal nur ein bisschen, mal etwas weiter. Wichtig ist, die Bewegung ganz langsam und sanft auszuführen und Ihren Kopf diesem Spiel zu überlassen.

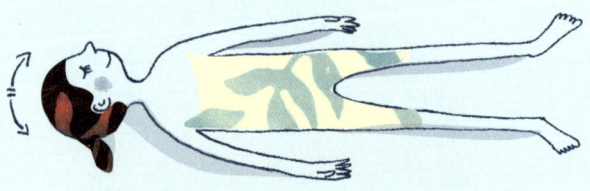

Verweilen Sie ab und zu. Spüren Sie, wie Ihre Atmung reagiert, ob Sie den Atem fließen lassen können und wie sich etwas im Nacken lösen will. Vielleicht lösen sich dabei auch die tausend Gedanken aus dem Kopf und fliegen davon.

Sie können die Übung auch im
aufrechten Sitzen machen.

Das bringt's:
- ↪ Lösung der Nacken- und Halsmuskulatur
- ↪ wohltuend bei Kopfweh
- ↪ gut zum Abschalten
- ↪ gut zum Einschlafen

Wann und wo:
- ↪ vor dem Zubettgehen oder im Bett
- ↪ auch in der Nacht, falls Sie nicht (wieder)
  einschlafen können
- ↪ Diese Übung passt gut im Anschluss an
  »Guter Mond«.
- ↪ in der sitzenden Ausführung jederzeit und
  überall

Sich auf den Schlaf einstimmen

Schlafliedersingen ist ein Ritual, das in allen Kulturen zu Hause ist. Die entspannende Wirkung zielt zwar in erster Linie auf das Kind, das in den Schlaf gesungen wird, sie ergreift jedoch auch die singenden Eltern und entführt diese nicht selten noch vor ihrem Kind ins Land der Träume.
Diese Wirkung wollen wir uns in der folgenden Übung zunutze machen.

So geht's:
Beginnen Sie mit einem bewussten langen Ausatmen auf ein weich geformtes »f«. Forcieren Sie nichts.
Lassen Sie anschließend den Atem von selbst wiederkommen. Machen Sie das in Ruhe mehrere Male.
Wenn möglich, schließen Sie die Augen.
Dann lassen Sie auf den nächsten Ausatemstrom ein Summen entstehen. Die Lippen sind entspannt geschlossen, der Unterkiefer nach Möglichkeit

gelöst. Wie es klingt, ist unwichtig. Wichtig ist, dass Sie nichts *wollen*. Überlassen Sie sich einfach Ihrer Stimme und Ihrer momentanen Stimmung. Kommt der Ausatem und damit das Summen zum Ende, warten Sie einfach ab, bis der Einatem von selbst wieder in Sie einfließen will. Mit dem folgenden Ausatemstrom summen Sie weiter.

summmmmm

Überlassen Sie sich dem Geschehen. Irgendwann wollen sich vielleicht die Lippen öffnen. Dann entsteht ein langes Tönen auf einem Vokal. Nehmen Sie sich nicht vor »Jetzt töne ich ein A«. Lassen Sie einfach raus, was da gerade von selbst klingen will. Wenn Ihnen danach ist, spielen Sie mit Vokalen und Tonhöhen. Auch das »M« kann sich zwischen die Vokale schalten: maaaaamaaa, moooomooo, muuuumuuu …

Und immer wieder gilt nach jedem Verklingen:
Warten Sie, bis der Atem von selbst wiederkommt.
Zwischen dem Ausatmen und dem wieder ein-
fließenden Atem entsteht so die dritte der drei
Atemphasen: die Atempause. Beobachten Sie einfach
und ohne Erwartung.
Wenn das Tönen und Sie zur Ruhe gekommen sind,
spüren Sie nach.

Das bringt's:

→ Summen und Tönen verlängert die
   Ausatmung. Dies hat eine Vertiefung der
   Atmung und damit Entspannung zur Folge.
→ Sowohl die Atembewegung als auch die
   Vibration der Stimme durchwirken den
   Körper von innen wie eine sanfte Massage.
→ So wie eine Mutter ihr Kind stimmen Sie sich
   selbst ein auf einen erholsamen Schlaf.

Wann und wo:

→ abends im Bad; der Raum ermutigt zum
   Tönen, weil er den Klang gut reflektiert
→ im Schlafzimmer vor dem Zubettgehen
→ im Bett

maaaaamaaa

a a a a

mooo mooo

moooo

a a

muuuumuuu

Beenden Sie Ihren Tag mit einem Abendspazier-
gang. Es durchlüftet Körper und Geist.

Unter der Dusche stellen Sie sich vor, wie
das Wasser den Alltag und Ihre Sorgen
abwäscht. Wenn Sie lieber ein Bad nehmen,
machen Sie ein Ritual daraus: mit Kerzen
und entspannter Musik.

KALEID

Cremen Sie sich nach dem Duschen oder Baden
mit einer wohlriechenden Lotion ein. In früheren
Kulturen wurden Könige gesalbt; behandeln Sie sich
königlich.

Lüften Sie das Schlafzimmer vor dem Zubettgehen, damit Sie genügend Sauerstoff für die Nacht darin haben. Halten Sie das Schlafzimmer frei von Alltagsdingen wie Schreibtisch, Bügelwäsche etc.

Fragen Sie sich jeden Abend: Wofür bin ich heute dankbar? Schreiben Sie mindestens drei Fundstücke in ein Dankbarkeitstagebuch. Sie werden staunen: Auch an überwiegend stressigen Tagen lässt sich Positives finden. Das Dankbarkeitsritual öffnet den Blick dafür.

Tauchen Sie in eine entspannende Lektüre ein und lassen Sie sich davon in eine andere Welt entführen.

Gehen Sie möglichst gelassen mit schlaflosen Phasen um. Verbinden Sie sich mit Ihrem Atem und träumen Sie sich dabei in eine schöne Erinnerung oder Imagination – z.B. wie Sie am Meer im warmen Sand liegen.

Zu guter Letzt

Zum Abschied

Nun haben Sie das Buch gelesen, verschiedene Übungen ausprobiert und sich hoffentlich inspirieren lassen. Im Laufe der Zeit werden Sie bemerken, dass die Übungen nicht nur Mittel zum Zweck sind, sondern – je selbstverständlicher sie Teil Ihres Alltags werden – Ihr Lebensgefühl und Ihre Lebenshaltung und damit Ihre Lebensqualität positiv beeinflussen. Dies ist nicht nur für Sie spürbar, sondern wirkt sich auch auf Ihre Mitmenschen aus.

In diesem Sinne wünsche ich Ihnen von Herzen:
Leben Sie wohl!

Ihre Jutta Ritschel

Dank

An dieser Stelle danke ich der Schulleitung der Atemschule *Atemhaus München Herta Richter*. Ein Hauptanliegen der Schule ist, dass jede Absolventin die Atemarbeit in ihrer eigenen persönlichen Art und Weise in die Welt trägt. Ich freue mich, dass ich mit diesem Buch dieser Anregung folgen kann.

Danke an meine Agentin Imke Rötger und an meine Lektorin Susanne Haffner für die inspirierende Zusammenarbeit, und an Lena Ellermann für die bezaubernden Illustrationen.

Mein Dank geht an alle, die die Entstehung des Buches mit Interesse begleitet haben.
Vor allem danke ich meinen drei Söhnen Markus, Christoph und Leonard für ihre Unterstützung in Form von beständigem und motivierendem Interesse am Arbeitsfortgang, Testen der Übungsbeschreibungen und Korrekturlesen.

Ein besonderes Dankeschön an meinen jüngsten Sohn Leonard, der mir seinen Songtext »Der Plattenspieler« zur Verfügung gestellt hat. Die Rechte am Text liegen bei ihm.

Quellen:

Leben Christian Morgenstern (1871-1914)

Ich bin so knallvergnügt erwacht Joachim Ringelnatz (1883-1934)

Achte gut auf diesen Tag Rumi (1207-1273)

Seifenblase © Jutta Ritschel (mit freundlicher Genehmigung)

Der Plattenspieler © Leonard Ritschel
(mit freundlicher Genehmigung)

Mondnacht Joseph von Eichendorf (1788-1857)

Die Übungen gründen zum Teil auf der langjährigen Erfahrung
der Autorin als Musikpädagogin und Sängerin. Ein Großteil der
Übungen entstammt oder beruht auf dem reichen Übungsschatz,
den die Autorin in ihrer Ausbildung zur Atempädagogin im
Atemhaus München Herta Richter kennengelernt hat und den sie
mit freundlicher Genehmigung der Schulleitung weiterverwenden
darf. Die Übungsbeschreibungen stammen aus der Feder der
Autorin. Die Namen dazu sind ihre Erfindung.

BASTEI LÜBBE TASCHENBUCH
Band 60996
Dieser Titel ist auch als E-Book erschienen

Originalausgabe
Vermittelt durch Imke Rötger, Agentur und Dienste für Autoren
und Verlage
Copyright © 2018 by Bastei Lübbe AG, Köln
Gesamtgestaltung und Illustration: Lena Ellermann
Gesetzt aus der Adobe Garamond Pro
Druck und Verarbeitung: Print Consult GmbH, München
Printed in Slovakia
ISBN 978-3-404-60996-3
5   4   3   2